LETTRE.

Lettre

D'UN

INDIVIDU NOMMÉ JACQUES,

à Henri Vieyra-Molina.

PARIS,

DE L'IMPRIMERIE DE DUCESSOIS,

RUE SAINT-JACQUES, N°. 67.

1827.

LETTRE

D'UN INDIVIDU NOMMÉ JACQUES,

A

HENRY VIEYRA MOLINA.

Une main officieuse m'a remis les mémoires que tu as fait imprimer dans ton affaire contre Jaffa, ainsi que des journaux où sont rapportées les plaidoieries de ton avocat. Il m'importe, Henry, de détromper l'opinion publique sur ton compte et sur le mien : tu veux faire accroire trop d'impostures sur moi ; à t'entendre, je suis un homme étranger à ta famille, qui ai prêté les mains à Jaffa pour t'escroquer. Tu veux ainsi me priver de la

part qui me revient dans la succession de notre père commun, et déverser sur moi le
blâme et le mépris.

Dans ce moment, où je réclame aux tribunaux l'état dont toi et tes acolytes cherchez à
me dépouiller, je suis dans la nécessité de me
faire connaître, afin d'éclairer la religion des
Magistrats. Puissé-je détromper par cet écrit,
le public, les juges, et tes avocats, si, comme
on le prétend, ils croyent ce qu'ils disent. Je
ne veux pas me mêler de ta querelle avec
Jaffa : fais-en ce que tu voudras, peu m'importe ; mais il faut que je réponde en même
temps à ce qui me regarde, dans ce que tu
publies pour ton procès avec lui.

Pauvre Jacques...... oh oui , bien pauvre en
effet......, on t'a tout ravi , jusqu'au dernier
baiser de ton père mourant , et maintenant
l'honneur et le nom même, c'est Henry, c'est
ton frère qui trouve cette spoliation de plus
utile à l'exécution de son grand coup de for-

tune, il veut encore t'en priver.... Mais enfin, puisque ta mémoire est en défaut, Henry, je vais la remettre sur la voie. Je t'ai tant sacrifié pour couvrir tes sottises, que tu me permettras bien, une seule fois, de les sacrifier à la vérité.

A peine, dans tes écrits, as-tu l'air de me connaître : c'est être par trop ingrat. Si les souvenirs de notre enfance ont pu t'échapper, ceux d'un âge plus avancé devraient au moins être présens. Quoi! parce que mon père est mort, je ne suis plus son fils? je n'ai pas beaucoup d'esprit, comme tu le publies, et j'ai peine à comprendre cela. Cependant, dans des lettres que m'écrivait sa femme, elle se dit *ma mère* : celles des filles de mon père sont signées *ta sœur*; les tiennes et celles d'Adolphe son signées *ton frère* : depuis ta naissance nous avons habité le même toît. Vieyra Molina nous appelait ses fils; tant qu'il a vécu, les salons de Paris nous ont vus avec lui, dans les brillantes soirées, partager sa tendresse et recevoir de ses mains l'or nécessaire à l'aliment de l'écarté; malgré tout cela, je ne suis plus son fils! Sans doute tu comprends facilement la chose; mais mon intelligence, aussi pauvre que moi, ne la conçoit pas. Malgré cela encore, tu parais à peine te souvenir de moi, lorsque, dans ton premier mémoire, tu parles *d'un individu nommé Jacques,* qui aurait été le compère de Jaffa pour abuser de ta faiblesse, en t'attrapant 20,000 fr. d'abord, et 10,000 fr. plus tard. Oh! je vois bien qu'il faut rappeler tes souvenirs : et comme, si j'ai jamais été le compère de quelqu'un, ce n'a été que de toi, il faut bien que je fasse connaître le but et l'usage de ces 20,000 fr., ainsi que des 10,000 fr. empruntés plus tard.

Ecoute, Henry, je te parlerai de tes amours; car c'est un plus sûr moyen de fixer ton attention.

Te souviens-tu de mademoiselle Eugénie? malgré la trentaine d'années qu'elle avait, elle était fort à ton goût. Mon père, tuteur de mademoiselle Lopez, la lui avait donnée pour institutrice ; et pour que l'élève fût plus près des leçons, mademoiselle Eugénie logeait dans la maison où nous logions tous, rue de l'Odéon, n°. 32. Mais il paraît que les leçons d'Eugénie ne se bornaient pas à mademoiselle Lopez ; tu en recevais aussi, et elles n'étaient pas d'économie domestique ; et puis, lorsque grimpant au troisième étage où était sa chambrette, on te rencontrait dans les escaliers en costume de lit, vite tu te réfugiais dans la chambre de ce pauvre Jacques, qui t'aimait avec aveuglement ; il ne l'a que trop prouvé. Mais enfin, certain jour on parla de te marier à mademoiselle Lopez : que fais-tu, et l'institutrice aussi? L'élève, quoique mariée, aura encore besoin de ses soins ; elle restera dans la maison. Ainsi dit, ainsi fait ; mais on commence à ouvrir les yeux sur vous deux : le cabriolet que tu achètes est au goût de ta maîtresse , et non point à celui de ta femme ; les indiscrets, les curieux amènent le scandale : Eugénie est chassée de la maison. Elle reçoit bien de toi tout l'argent dont tu peux disposer ; mais tu n'étais pas devenu encore aussi habile que par la suite pour t'en procurer , aussi n'étais - tu pas content de ta générosité. Bref, elle part. Alors tu as recours à Jacques , tu pleures, tu te désespères ; il peut seul te sauver du dé-sespoir, dis - tu , et Jacques cède à tes ins-tances. L'œil au guet, il te prévient que la famille fait suivre ton cabriolet lorsque tu vas la voir. Vos entrevues, dans certaines maisons où l'on paie les momens qu'on y passe , te fatiguaient ; et Jacques est obligé de louer en son nom, car tu avais si bien l'art de lui faire faire tout ce que tu voulais , une

chambre garnie, rue de Grenelle-Saint-Ger-
main , n°. 54, hôtel de Savoie.

C'est vers cette époque qu'eut lieu ton acte
de générosité, l'emprunt de 20,000 fr.; mais
comme tu en parles à ton aise dans tes
mémoires! Qu'il te convienne de mentir dans
l'intérêt de ta plainte contre Jaffa, je le con-
çois; mais moi, il ne me convient pas de me
taire lorsque tu fais ainsi le généreux en écri-
vant. Je louais en garni, à l'un et à l'autre,
trois chambres que j'avais meublées ; elle me
produisaient quelque argent. Comme tu ne
recevais de notre père que 100 fr. par mois
pour tes menus - plaisirs, devenus plus gros
chaque jour, et que j'étais sans cesse harcelé par
toi pour avoir de l'argent, je te dis que si je
pouvais étendre un peu mon commerce, alors
je pourrais t'en prêter davantage. Tu m'enga-
geas à chercher un prêteur ; mais quelle con-
fiance lui inspirerai-je ? J'admirais ta prompti-
tude à tout aplanir; je te cautionnerai, me dis tu.

Oh ! alors, je m'en occupai; et Luquet, espèce d'agent d'affaires, nous fit connaître ce Jaffa contre qui tu es de si mauvaise humeur aujourd'hui. Tu voulais que j'empruntasse 20,000 fr. ; mais Henry, rappelle-toi bien qu'ils n'étaient pas entièrement pour moi : ton amour pour Eugénie en convoitait une grande partie. Jaffa trouva cet argent : avec quelle grâce tu levas tous les obstacles! ce cher frère, comme il m'aimait ! Tu m'évitas jusqu'au plus léger embarras : il paraît qu'on ne voulait même pas de mon nom dans l'acte, car je ne parus en rien ; et enfin Laveleine, avec qui tu étais allé chercher l'argent chez le notaire, me remit neuf beaux billets de banque de 1,000 fr. chacun. Je trouvai un peu dur que, dans cet emprunt, tu gardasses un peu plus de la moitié ; mais ce n'eût été rien, si ta diablesse de manie d'obliger ne m'avait poussé à prêter, sur ce que tu me donnais, 5,000 fr. à Jaffa. J'eus beau te dire, lorsqu tu m'y engageais, avant d'aller chercher l'argent, que je ne m'en souciais pas, il fallut encore faire ta volonté ; mais du moins , tu aurais dû être obligeant avec les 11,000 fr. qui te restaient.

Quoiqu'il en soit, voilà ton gousset un peu fourni, et vîte à tes amours; c'en est fait, le modeste réduit de ton Eugénie ne convient plus : allons Jacques, à l'ouvrage, il faut meubler un appartement pour Eugénie, qu'elle quitte son quartier. La Chaussée-d'Antin est seule digne de ce qu'aime Henry, la rue de Provence, la maison n°. 1 sera l'heureuse habitation. Mais, tu m'as prêté de l'argent, et il faut que je te prouve ma reconnaissance, en faisant tout à mes frais : déménagement, nouvel ameublement; je consens à tout. Quoique les précautions pour éviter les observateurs postés par la famille te fissent me prescrire de changer en route deux ou trois fois de commissionnaires, tout va à merveille, et 1,800 francs de meubles que j'achète, te rendent content de moi. Voilà la belle saison, la famille va partir pour la campagne, tu dois y suivre ta femme, et alors comment voir tous les jours l'objet aimé? que l'amour est inventif! oh! je t'ai toujours admiré dans les expédiens pour te tirer d'embarras : tu devais habiter Sèvres, allons, une maison de campagne auprès fera l'affaire ; elle est un peu chère de loyer, 2,000 francs par an ; mais qu'est l'argent auprès du bonheur? et puis ton Eugénie était devenue mère d'un gros garçon, l'air de la campagne lui était salutaire. Te rappelles-tu avec quelle joie tu m'annonças ta paternité? Du moins le baptême à Saint-Roch n'était pas mal, et les cadeaux de circonstances furent dignes de toi. Le manteau d'Eugénie était de fort bon goût.

Pendant ce temps-là, je faisais ce que je pouvais pour gagner l'argent nécessaire, et ton ingratitude aujourd'hui oublie tous mes bienfaits. Dans peu de temps tes dépenses ont tout englouti ; les chambres garnies que j'avais consenti à tenir à mon nom, bien que tout t'appartînt et se fît pour ton compte, ne pouvaient y suffire : Laveleine, à qui tu me faisais donner 5 fr. par jour pour la surveillance, se dégoûta, et tu pris tous les meubles que tu avais mis là ; tu me les fis donner pour ton compte à M. Marcelin-Louis, qui t'avait prêté de l'argent, et malgré mon activité, malgré tes calculs, qu'il te convient aujourd'hui de dénier, adieu ton entreprise, tu me fis remettre chez ce M. Louis, jusqu'à une reconnaissance du Mont-de-Piété, de cinq pendules que j'avais achetées ; tu prétends avoir été étranger à cette affaire, mais les petits billets de femme se montant à 1,000 fr., et que Laveleine remis pour ton compte à Jaffa, les meubles remis par moi à M. Louis, et les livres qu'il t'a plu de me prendre, je ne sais trop pourquoi, et qui n'ont aucun rapport avec Jaffa, ne laissent aucun doute à cet égard.

Au diable donc le commerce que tu faisais en mon nom. Quel nouvel expédient employer pour obtenir de l'argent? Eugénie, sa mère, ses enfans, la vieille domestique et la bonne d'enfans, tout cela mangeait; comment pourvoir à l'entretien de tous? je sais bien que beaucoup de gens consentaient à se charger de négocier de ton papier, mais il fallait encore payer à l'échéance, et tu n'avais été augmenté que de 50 fr. par mois pour tes amusemens; et moi, comment faire pour me remettre un peu de cette débâcle? ton esprit fertile trouve encore des ressources, et un nouvel emprunt est contracté; c'est toujours le même prétexte, tu veux m'aider, et Jaffa est poursuivi par nous afin de nous faire prêter encore 10,000 fr.: c'était en marchandises, il est vrai; mais tu n'es pas homme à t'arrêter pour l'embarras que leur vente me

donnera; tu t'en appliques une bonne partie,
pour environ 4,000 fr., et pour en faciliter la
vente, c'est chez M. Louis que tu les fais pla-
cer; tu devrais me savoir gré du moins de
toutes mes complaisances; mais voilà que je
retombe dans le chapitre des reproches : je
t'ennuie, n'est-ce pas? revenons donc à tes
amours.

Eugénie, c'est encore elle, et vraiment tu
as eu une certaine dose de constance dont je
ne te croyais pas capable; Eugénie donc sent
de nouveau qu'elle porte un autre fruit de
votre tendresse ; pour le coup, le métier de papa
commence à te peser; quelquefois elle avait
craint de voir se sécher pour elle et ta bourse
et ton cœur, et quand les premiers transports
sont apaisés, vois-tu Henri, les femmes rai-
sonnent un peu : que deviendra-t-elle avec
ses deux enfans, si tu n'es plus là pour ali-
menter la famille entière? autrefois elle pou-
vait utiliser son temps à élever des demoi-

selles, mais aujourd'hui !....... Toutes ces ré-
flexions la décident à te demander d'assurer
une somme sur l'enfant à naître. Si c'eut été
pour une nouvelle maîtresse, oh! certes, tu ne
te serais pas fait tirer l'oreille, mais pour un
enfant... Pauvre Eugénie , cette demande fut
l'arrêt de ta répudiation. Tu l'abandonnas
aussitôt.

Les actrices, les danseuses , reçurent pendant quelques temps ton argent et tes hom-
mages ; car tu étais grand amateur des pi-
rouettes et des entrechats de ces aimables
nymphes ; demande - le plutôt à certains ac-
teurs de l'Opéra ; mais tes goûts de constance
voulaient autre chose. Un beau jour tu m'ap-
pelles et me sautes au cou (comme tu m'ai-
mais alors!). Tu me dis avec une nouvelle
émotion : toi seul, mon frère, peux me sauver, je suis désespéré : épris d'une femme qui
répond à mon amour, j'apprends à l'instant
même qu'un rival veut l'enlever à ma ten-

dresse. Elle demeure rue d'Argenteuil, n°. 25 : là je lui ai meublé un appartement superbe, qui depuis quelque temps est le temple de mon bonheur. J'ai rempli sa cave d'excellens vins, en un mot rien ne manque. Eh bien ! en ce moment je suis prêt à perdre cet objet adoré. Ce rival a quelques droits sur elle : il est dans le même appartement qui ne devait servir que pour moi ; ses yeux ne la quittent pas un seul moment, elle ne peut faire un pas pour voler vers moi. — Eh bien ! que veux-tu que j'y fasse ? — Tout. Mais je te l'expliquerai mieux après dîner : voilà de l'argent, vas au Palais-Royal. — Je le veux bien. — Je t'y rejoindrai à six heures. — Et nous voilà partis. Tu me régalas à merveille, je dois te le dire, car mon estomac n'est pas plus ingrat que mon cœur. Quand tu m'eus rejoint, tu me dis : ce rival me connaît, mais il ne t'a jamais vu ; le portier est à ma discrétion : voilà quelques pièces d'or, tu l'y mettras encore davantage.

Prends le costume d'un militaire et des mous-
taches ; un commissionnaire jouera le rôle
d'un domestique et portera la valise ; tu feindras d'arriver de la campagne, de venir prendre
ce logement comme étant le tien que tu loues
en garni quand tu quittes Paris : tu paraîtras
avoir écrit à la dame pour te livrer l'appartement depuis hier ; voilà ton introduction. —
Mais, que diable ferai-je là ? et à quoi servira
cette mascarade ?—Imbécille, à amuser l'argus ;
le portier te présentera, tu feindras de vou-
loir revoir avec la dame si tout est bien comme
tu l'as laissé ! Tiens, voilà la note du mobi-
lier. — Mais enfin, après ? — Eh bien, tu sai-
siras un moment favorable pour lui dire que
je l'attends en bas avec une voiture ; elle saura
bien passer d'une pièce à l'autre, pour te faire
voir que tout est en ordre, et saisir le moment
favorable pour descendre ; elle monte en voiture, et fouette cocher. — Et moi ? que ferai-
je là avec ce rival trompé ? — Est-ce que tu as

peur? Allons, buvons. — Oh! non, je n'ai pas
peur; mais comment cela finira-t-il pour moi?
— Comme tu le voudras; Jacques, mon frère,
je t'en conjure, ne m'abandonne pas : garçon,
du rhum! — Et nous buvons. Emporté par
mon amitié, toujours trop forte pour toi, et
un peu exalté par les liqueurs, ajusté du costume que tu m'avais dit de prendre, capotte
à la polonaise, de grands éperons et des mous-
taches, me voilà introduit par le portier dans
l'appartement de la belle; je suis tes instructions de point en point : mais dans un moment favorable, l'impatience te gagne, tu as
la maladresse de te montrer; ton rival fu-
rieux, entendant du bruit dans la pièce voi-
sine où la belle était restée, tandis que j'avais
su l'amener dans une autre, te voit, et, en-
jambant un guéridon, s'écrie : quoi donc, on
veut enlever ma femme? A ce mot, j'en con-
viens, je restai stupéfait; je me retirai en ne
discontinuant pas cependant tout-à-fait mon

rôle, et je dis que je reviendrais le lendemain savoir si mon appartement était vide. Le lendemain, tu me prias de suivre la voiture qui amenait ta Dulcinée ; elle était escortée de gendarmes, et las d'un rôle semblable, je me retirai aux brusques réponses du brigadier, dont l'ordre était d'arrêter quiconque approcherait de la voiture : je le quittai à Charenton, et madame F.... devint ce que Dieu voulut.

Eh bien, Henry, je te demande si c'est là un dévouement aveugle ? Tu m'exposais moi-même à de graves dangers, tandis que je ne voyais là qu'une mascarade, et cependant il ne s'agissait rien moins que de l'enlèvement d'une femme mariée, alliée à notre famille, et dont je tais le nom par pudeur pour toi-même. Mais, quel homme singulier que mon frère...... ; en même temps qu'il brûlait pour cette dame, il avait, rue Thérèse, n°. 9, un appartement garni pour une actrice ; et c'est encore le pauvre Jacques qui a dû payer pour son frère à M. Gentil.

Les chevaux, dont l'un a coûté seulement 4,500 fr., les présens et les achats de faveurs de femme, voilà Henry ce qui t'a ruiné, et que tu ne pouvais faire avec une modique somme de 150 fr. par mois, que mon père te donnait pour tes menus-plaisirs. Voilà de ces nécessités qui ne connaissent de lois que celles des emprunts les plus onéreux. Mais pourquoi tant d'impudence, en voulant faire retomber sur moi l'unique cause de cette position que tu dépeins avec des caractères si désastreux, en lui donnant une source de bienfaisance qui n'avait que toi pour objet? Pourquoi? je vais te le dire : ma franchise, parfois un peu brusque, embarrasse les fripons; mais, tu n'es que faible et timide, tu m'écouteras avec abattement, et tu n'en seras pas étonné.

Rien ne vient de toi, les Rodrigue ont tout fait, et notre père les connaissais bien. Rap pelle - toi le jour où ils voulurent lui faire payer 24,000 fr. qu'il ne devait pas ; il n'épargna pas, sur leur compte, des qualifications peu honorables.

Que Rodrigue soit ou non banqueroutier, comme il le disait souvent ; que lorsqu'il est venu habiter la Chaussée-d'Antin, il n'eut seulement pas de quoi payer son loyer, c'est de quoi je m'inquiète fort peu. Ce qui m'afflige, c'est de te voir aveuglément soumis à sa volonté, et à des calculs honteux de spoliation qu'il te force à pratiquer. Le passé aurait cependant bien dû t'éclairer sur ton compte. Tu n'as pu oublier le mariage honteux de notre sœur, qui fut marchandée comme une denrée à la halle, ni les larmes que versait notre père pendant tout le temps du contrat, ni toutes les vérités qu'exprimait sa douleur : et cependant tu ne crains pas de le prendre aujourd'hui pour guide unique. N'est - ce pas lui qui a conçu le plan hardi de te débarrasser de tes créanciers par une plainte? ose le nier. Je te rappelerai alors ce jour où vous montâtes tous dans ma chambre pendant mon absence, et où vous commençâtes par vous emparer de mes livres de commerce et de tous mes papiers, en y comprenant quatre lettres de change en blanc, de 1,000 fr. chacune, et divers autres billets, objets entièrement étrangers à votre Jaffa. N'est-ce pas ledit B. Rodrigue qui m'annonça que vous alliez porter une plainte contre cet homme, pour te sauver 150,000 fr. que, selon vous, il voulait t'escroquer? Accoutumé, comme tu l'étais, à me faire faire ce que tu voulais, tu pressas, dans cette circonstance importante pour ta fortune, ce même Jacques qu'aujourd'hui tu méconnais. Il semblait avantageux, pour le plan de Rodrigue, de me faire porter la première plainte, et tu ne craignis pas de m'en prier. Mais je ne puis porter une plainte contre un homme qui ne me fait aucun mal. — Elle sera basée sur les emprunts qu'il nous a fait faire de 20,000 fr. et de 10,000 fr. ; et si tu consens à ce que nous te demandons, nous te promettons 18,000 fr. à la fin du procès. — 18,000 fr. pour que je porte une plainte contre Jaffa, parce qu'il a été tourmenté par nous pour nous faire prêter de l'argent? — Ils te reviennent sur la somme totale de 30,000 fr. —

Laissez-moi donc tranquille : je sais bien ce qui s'est passé alors, et il ne me revient pas plus un denier qu'à toi. — Mais nous nous chargerons de te le procurer : fais toujours ta plainte. — Je me refusai à une pareille manœuvre. Vainement vous avez insisté fortement , vainement vous avez eu l'espoir de me faire accroire qu'avec de l'argent et vos connaissances vous pouviez gagner tous les juges : cette fois, je sus te résister. Seul , tu as tenté ton grand coup de fortune. Si Jaffa , comme tu le dis, t'a volé, ce n'est pas mon affaire ; je n'en sais rien, je n'y suis pour rien, je ne puis m'en mêler. Mais ce que j'ai vu et entendu me prouve que tu n'es qu'une marionnette dont la main cupide de B. Rodrigue tient et fait manœuvrer tous les fils.

Que t'en reviendra-t-il, Henry ? la honte d'avoir tenté inutilement de te soustraire à payer tous ceux à qui tu dois, par une plainte dont je connais toute l'invention mensongère. Tu espérais encore me gagner le jour où je fus appelé à déposer comme témoin devant M. Vanin, juge d'instruction ; toi et Rodrigue m'accompagnâtes au Palais : vous m'obsédiez durant le chemin, et vous m'attendiez dans la salle des Pas Perdus. Vous m'aviez dicté ce que je devais dire ; mais moi si bête, comme vous le dîtes, mais non point faux témoin, je montrai cet écrit, dicté par vous, au juge, qui me dit qu'il ne fallait pas d'écrit, mais répondre à ses questions : je brouillai dans mes réponses une partie du roman que vous m'aviez fourré dans la tête sur cette affaire, et une partie de vérité. Comme tu étais content et Rodrigue aussi, quand je vous rejoignis! je me gardai de diminuer cette joie, en vous disant ce qui s'était passé.

Tes écrits m'ont éclairé : j'ai su que j'avais été tantôt le prétexte de tes folles dépenses, et tantôt l'instrument de tes sottises; que tu voulais aussi me rendre l'instrument de ton coup de fortune : ah! pauvre Jacques !...... tu ne tardas pas à voir dans quel labyrinthe d'ingratitudes et de machinations on avait fourvoyé ta pauvre tête ! A peine, peu de temps après ta plainte, mon père eût-il cessé de vivre, que moi, qu'il aimait autant que vous tous, qui avais toujours eu dans la famille le rang qui m'appartenait, je me suis vu chassé de la maison paternelle... On l'enterra, ce bon père, sans qu'il me fût permis d'embrasser son corps glacé par la mort !.......... Que vous ayez fait changer trois fois son testament,

dans lequel il me laissait des gages particu-
liers de sa tendresse ; que vous ayez fait ven-
dre la maison d'Amsterdam qu'il m'avait
donnée, je vous le pardonne encore ; mais,
à son dernier soupir, avoir empoisonné la
dernière idée qui se portait sur moi ! Non,
jamais mon triste cœur ne pourra vous le
pardonner. Il eut, je le sais, quelques motifs
de se plaindre de moi ; mais si je n'ai pas cédé
à ses prières, en ne lui dévoilant pas toute ta
conduite ; si je ne fus pas assez habile pour,
au jour de la signification du bail relatif au
premier emprunt de 20,000 fr., suivant ta
prière, prendre des mains de la portière l'acte
de l'huissier qui tomba dans les siennes ; si
j'ai eu la force de refuser ses offres d'argent,
pour ne pas trahir tes secrets, était-ce à toi,
Henry, de me punir ainsi de ma faiblesse
pour toi ?

Exilé de la maison paternelle, vous m'a-
vez relégué dans une chambre au cinquième

étage, avec quelques misérables meubles : une pitié insultante vous a porté à me donner 1 fr. par jour pour mon entretien. Mais enfin, las de tant d'humiliations, et aidant ma faible intelligence de l'intelligence des autres, j'ai dû réclamer à la justice mon état et mon nom : quel coup inattendu pour vous, à l'aspect de ma juste revendication ! L'alarme est dans le camp de Rodrigue ; le grand conseil s'assemble, vous m'appelez, et c'est dans les Tuileries qu'a lieu notre entrevue. Je ne te répéterai pas, Henry, toutes les propositions que vous me fîtes pour renoncer à ma demande formée judiciairement, ni les extravagances que vous vouliez me faire croire.

Je n'en citerai qu'une seule. Nous avons un écrit contre toi, me dites-vous ? Tu as signé toi-même que ton père était mort aux îles. Un écrit signé de moi, relatif à mon état ? Serait-ce, par hasard, d'un contrat de mariage que vous voudriez parler ? Mais vous

ignorez sans doute ce qui s'est passé : qu'en
1813 ou 1814 , je désirais me marier avec la
fille de M. Mansion ; mon père prit des in-
formations sur la famille , et malgré qu'elles
fussent à sa satisfaction , il ne voulait cependant pas que je prenne encore une femme.
Cédant enfin à mes instances, il fit rédiger
un contrat chez un notaire. Lorsque , d'après
les instructions de mon père, j'allai pour le
signer avec M. Mansion, le notaire passa
quelques pages ; sur mon observation, il me
répondit que c'était inutile à lire , et que je
verrais bien après ce qu'elles contenaient. Je
ne me rappelle pas bien si je signai ce contrat ; en sortant, je vis mon père, au travers
d'un carreau de vitre, dans un cabinet du
notaire. Quand le mariage fut rompu, mon
père fut un peu de mauvaise humeur, parce
que, disait-il, il avait dépensé inutilement
onze louis.

Voilà sans doute le papier dont vous voulez

parler ; mais quelle folie !..... Lors même que
dans les pages qui ne m'ont pas été lues, on
m'aurait fait réellement déclarer que mon
père était mort aux Iles, m'est-il permis de
renoncer à ma filiation ? Et quand je deman-
dai à Adolphe, dans cette entrevue des Tuileries, qui donc était mort rue Saint-Georges?
ne fut-il pas contraint d'avouer que c'était
notre père commun ? Cessez donc de chercher à m'abuser ainsi, et contentez-vous de
chercher à abuser les autres.

Vous pensiez m'avoir réduit à un tel état
de détresse, que je n'aurais même pas pu
payer les frais d'une consultation, ni du premier papier timbré que je vous ai brusque-
ment adressé. Votre espoir est déçu : il est
des hommes qui secourent les malheureux
qu'une famille avide tente de dépouiller entièrement. Les tribunaux jugeront entre nous.

Maintenant, Henry, cesse, dans tes écrits

imposteurs, de feindre de me connaître à peine. Déchire tes créanciers, nomme-les des fripons, tu le peux jusqu'au jour où tu seras mieux connu ; mais que les services que je t'ai rendus, s'ils ne font pas de toi un homme reconnaissant, imposent du moins silence à ton ingratitude. Que tes conseillers y prennent garde : on n'abuse pas long-temps les magistrats. Puisse cet écrit, dicté par la vérité, les éclairer sur toi comme sur eux : c'est du moins un service que ce *certain individu, nommé Jacques*, rendra à la justice. Je n'ai pas craint de parler de mes torts, ils furent ton seul ouvrage ; leur manifestation était nécessaire à la connaissance de la vérité.

Adieu, Henry : la publicité que je donnerai à cette lettre pourra te faire sentir, pour la première fois sans doute, que l'ingratitude est quelquefois nuisible à l'ingrat. Elle indiquera aux Juges, devant qui je réclame mon état , à quelle famille j'ai affaire et à quelle lutte je dois m'attendre , dès que je demande à rogner leur part dans la succession de mon père.

Ton frère , quoique tu en dises ,

JACQUES VIEYRA **MOLINA** *fils*.